APHORISMEN
und
ZITATE

WEISHEITEN AUS DER GRIECHISCHEN
UND RÖMISCHEN ANTIKE

Eine Sammlung
zusammengestellt von

Anja Geue

Aphorismen und Zitate

WEISHEITEN AUS DER GRIECHISCHEN UND RÖMISCHEN ANTIKE

∞

Eine Sammlung
zusammengestellt von

Anja Geue

Bibliografische Information der Deutschen Nationalbibliothek: Die Deutsche Nationalbibliothek verzeichnet diese Publikation in der Deutschen Nationalbibliografie, detaillierte bibliografische Daten sind im Internet über http://dnb.dnb.de abrufbar.

© 2021 Anja Geue, Herstellung und Verlag:
BoD – Books on Demand, Norderstedt

ISBN: 9783755742319

Für meine Tochter Leonie.

2019

Inhaltsverzeichnis

VORWORT

Die vorliegende Sammlung enthält ausgesuchte
Aphorismen von bekannten Persönlichkeiten aus
der griechischen und römischen Antike. Viele nach-
folgende Geistesgrößen, darunter Dichter, Schriftsteller, Gelehrte späterer Generationen ließen sich
von den Werken antiker Persönlichkeiten inspirie-
ren, oder wenn nicht, dann kamen sie zu ähnlichen
Erkenntnissen. Die zeitlosen, vor über zweitausend
Jahren verfassten Weisheiten, in denen sich tiefgrün-
dige Ethik und Moral menschlicher Existenz wider-
spiegelt, bieten bis heute in allen Lebens- und Alltagssituationen nützliche Anregungen. Aphorismen
wirken inspirierend und aufbauend. Es werden ange-
messene Verhaltensweisen vermittelt, um sein Leben selbst und verantwortungsvoll zu gestalten.
Im nachfolgenden Inhalt handelt es sich nur um einige wenige ausgesuchte Fragmente aus einer großen Vielzahl an Aphorismen aus der Antike. Meiner
Ansicht nach ist davon auszugehen, dass die hier
ausgesuchten und gesammelten Aphorismen nicht
ausnahmslos von den jeweils benannten Persönlichkeiten stammen und demzufolge das eine oder andere Zitat möglicherweise von anderen Personen in
der Antike hervorgebracht wurde. Es ist auch davon
auszugehen, dass Autoren der Antike, ob zeitgleich
oder zeitversetzt, ähnliche Gedanken und Erkenntnisse und demzufolge auch ähnliche Aphorismen
entweder in ihren Schriften verewigten oder münd-
lich weitertrugen. Auch Verwechselungen oder Ver-
zerrungen anderer inspirierter Schriftsteller und Gelehrter aus späteren Zeiten sind denkbar. Als Laie in

9

diesem Gebiet kann und möchte ich das nicht beurteilen. Exakte Genauigkeit ist auch nicht das Anliegen dieser Sammlung. Meine Intention war es vielmehr, für viele Alltagssituationen einige erhellende, inspirierende Aphorismen in einer kleinen Sammlung nachschlagen zu können, die ich für Dich, liebe Leonie, im Lauf der Zeit aufgeschrieben und schließlich im Sommer 2019 fertiggestellt habe. Damit entstanden in der ersten Version insgesamt sechzig Seiten, die ich im September 2019 auf die Plattform des Verlags BoD hochlud. Dort lagen sie dann eine zeitlang digital abgelegt, bis ich sie wieder herausholte, denn ich wollte bis zur jetzigen Form noch einiges korrigieren und ergänzen. Bis zur endgültigen Veröffentlichung landeten sie aber noch einmal zwei Jahre mehr oder weniger ergänzt in meinem PC und in Papierform in einer meiner Schubladen. Der Einfachheit halber habe ich die Autoren in alphabetischer und nicht chronologischer Reihenfolge aufgeführt. Aus diesem Grund habe ich darauf verzichtet, die Aphorismen und Zitate nach Themen und Alltagssituationen zu untergliedern. Die Autorennamen bilden die Überschrift mit anschließenden, kurz gefassten biografischen Daten. Dann folgen die ihnen zugeschriebenen Aphorismen oder Zitate.

Ich wünsche Dir, liebe Leonie, sowie allen interessierten Lesern und Leserinnen eine inspirierende kleine Reise durch die antike römische und griechische Gedankenwelt, die Erkenntnisse auch für das heutige moderne Leben bereithält.

Liebe Leonie,

ich freue mich, wenn Dir das Buch hin und wieder nützlich sein kann. In mehrfacher Hinsicht repräsentiert vieles hiervon das, was bereits in Dir ist und was Dich als Persönlichkeit ausmacht. Und damit will ich sagen: bleib so wie Du bist, möge Dein Selbst sich entfalten auf Deinem Lebensweg. Gute Gedanken bringen Gutes hervor. Nutze Deine Fähigkeiten und höre auf die Natur in Dir.

In Liebe,

Deine Ma

September 2019

ACCIUS

Lucius Accius war ein römischer Dichter, der im Jahr 170 v. Chr. als Sohn einer freigelassenen Familie in Pesaro geboren ist. Er lebte in Rom, wo er in Kontakt mit der römischen Aristokratie kam. Er wurde von Brutus unterstützt, denn Accius wurde von ihm für seine dichterischen und theatralen Talente geliebt und bewundert.

Im Leben geschieht alles aus Glück, nichts ist sicher, für niemanden.

Mögen sie mich hassen, wenn sie mich nur fürchten.

Die guten Samen geben immer gute Früchte, auch wenn sie auf schlechten Boden geworfen wurden.

Schon oft haben Erwartung oder Hoffnung auch die Mutigen träge gemacht.

Mit Stärke auch das nachteilige Schicksal ertragen ist ein würdiges Unterfangen.

AFRANIUS

Lucius Afranius war ein römischer Dramatiker, Politiker und Heerführer, der etwa um 100 v. Chr. in Rom lebte, aus Picenum stammte und von niederer Herkunft war. Er schrieb Komödien über das römische Alltagsgeschehen und mochte geschickte Schlachten, was zu seinem Status als Heerführer passte. Nach der

Rückkehr von seinen Feldzügen war er auf Wunsch von Pompejus Konsul in Rom. Sehr viel Weiteres ist nicht über ihn bekannt. Von seinen Werken sind vierundvierzig Titel mit einigen Fragmenten erhalten.

Wenn du vor dir selbst keinen Respekt hast, kann niemand Respekt vor dir haben.

Ein trauriges Leben bereiten diejenigen Eltern vor, die es bevorzugen, dass ihre Kinder sie fürchten statt sie zu respektieren.

Der Weise liebt, die anderen wünschen.

Zuviel ist für niemanden gut.

AISCHYLOS

Aischylos enstammte einer alten aristokratischen Familie und ist 525 vor Christus in Eleusi in Griechenland geboren. In Athen nahm er als Krieger gegen die Perser teil. Danach entwickelte er sich zu einem großen Dichter der griechischen Tragödie. Zeitweise spielte er selbst als Schauspieler in seinen Schauspielen mit und wirkte zudem als Regisseur und Choreograph seiner eigenen Stücke. Unter anderem hat er das Stück „Die Perser" geschrieben, indem es um einen antiken Kampf der unvereinbaren Kulturen zwischen den freiheitsliebenden Griechen und den gegensätzlichen, despotisch herrschenden Persern ging. Mehrfach reiste er nach Syrakus und Gela auf Sizilien. Nur wenig Weiteres ist von ihm bekannt.

Zu harte Worte werden immer hart bezahlt.

Unglücklich ist der Mensch, der von niemandem beneidet wird.

Die meisten Menschen lügen, weil sie es lieben, mehr zu sein zu scheinen als andere.

Beim steten Lernen bleibt auch das Alter jung.

ANTIPHON

Antiphon lebte im fünften Jahrhundert v. Chr. und war ein antiker griechischer Philosoph, der sich zu den Sophisten zählte. Er lebte und wirkte zur gleichen Zeit wie Sokrates in Athen und widmete sich nicht nur der Philosophie, sondern vermutlich auch der Mathematik und der Deutung von Träumen und Zeichen. Auch von ihm ist kaum etwas bekannt und es sind nur wenige Fragmente ihm zugeordneter Werke erhalten geblieben:

In allen Menschen ist es der Geist, der den Körper zur Gesundheit oder zur Krankheit führt, wie zu allem anderen.

Neu geschlossene Freundschaften sind aufwendig, die älteren noch mehr.

Es gibt Personen, die nicht im Jetzt leben, sondern sie leben so, als hätten sie ein Leben nach dem Anderen: inzwischen vergeht die Zeit, die unwiderrufbar vergeht.

APPIUS

Appius Claudius Ciecus lebte zwischen dem vierten und dritten Jahrhundert v. Chr. in Rom. Er stammte aus einer reichen römischen Patrizierfamilie. Seine erfolgreiche Karriere als Politiker und Staatsmann der römischen Republik verlief rasant. Als pragmatischer Konsul interessierte er sich für die Rechte der römischen Unterschicht, der Plebejer. Appius errichtete die nach ihm benannte Trinkwasserleitung, das Aquädukt, die bis nach Rom führende Aqua Appia sowie die gepflasterte Via Appia, die bekanntermaßen von Rom bis nach Brindisi führte.

Jeder ist der Schöpfer seines eigenen Schicksals.

Wenn du einen Freund triffst, vergiss seine Schwächen.

Sei stets Herr deines Geistes.

ARISTOTELES

Aristoteles war ein griechischer Philosoph und Naturforscher. Sein Name ist wohl einer der Bekanntesten unter den griechischen Philosophen aus der Antike. Aristoteles ist in Stagira auf der Halbinsel Chalkediki 384 v. Chr. als Sohn eines Arztes des Königs von Mazedonien geboren. Bereits mit siebzehn Jahren ging er nach Athen und trat dort in die Akademie Platons ein. Nach dem Tod Platons begann er als Erzieher des späteren Alexander den Großen,

Sohn des König Phillips von Makedonien. Als Alexander den Tron bestieg, ging Aristoteles nach Athen zurück, wo er seine eigene Schule auf dem heiligen Berg Apollo Liceo gründete, die er zwölf Jahre lang führte, bevor er nach Alexanders Tod Athen verließ und in das Haus seiner Mutter nach Chalkis zurückkehrte. Aristoteles ist wie sein Lehrer Platon einer der einflussreichsten Philosophen und Naturforscher seiner Epoche und ist es bis in die heutige Zeit. Seine Interessen und Gebiete waren noch sehr viel breitgefächerter als die Platons. Nicht zuletzt auch deshalb wurde er sehr geschätzt und genoss einen exzellenten Ruf.

Die Gewohnheit ist sozusagen eine zweite Natur.

Es wird mehr geliebt, der/die mit mehr Anstrengung erobert wurde.

Wer nicht kontinuierlich liebt, liebt nicht wirklich.

Gut zu leben ist besser als zu leben.

Wer viele Freunde hat, hat überhaupt keinen Freund.

Der Mensch ist an sich ein politisches Tier.

Der Dieb erkennt den Dieb und der Wolf den Wolf.

Um gut führen zu können muss man wissen, wie man gehorcht.

Die Natur macht nichts Sinnloses.

Eine gut angefangene Sache ist zur Hälfte getan.

Die oft wiederholten Dinge langweilen die Zuhörer.

Auch wenn sie schriftlich sind, Gesetze sollten nie unverändert bleiben.

ÄSOP

Äsop war ein antiker griechischer Dichter und Sklave des Iadmon von Samos, der später seine Freiheit erhielt und daraufhin ein abenteuerliches Leben führte. Vermutlich wurde er zwischen dem siebten und sechsten Jahrhundert vor Christus in Frigia oder Tracia geboren. Äsop galt als Erfinder der Fabeln. Denn unter seinem Namen zirkulierten ab dem fünften Jahrhundert vor Christus zahlreiche Fabeln, die schnell bekannt wurden. Viele dieser Fabeln wurden in den Schulen als erste Lektüre benutzt. Äsops Fabeln sind kurze Erzählungen von einfacher Struktur; die Hauptfiguren sind Tiere, die verschiedene positive und negative Charaktereigenschaften innehaben und die eine populistische Weisheit ausdrücken.

Schönheit ist keine Frage der Quantität, aber der Qualität.

Nicht alle sind mit denselben Einstellungen geboren.

Die wahren Freundschaften erkennen sich im Unglück.

Ein eigenes Zuhause ist ein optimales Zuhause (Casa propria, casa ottima).

Wenn Dinge einmal geschehen sind, ist es sinnlos, sie zu bereuen.

Die Umstände können auch diejenigen mutig machen, die es sonst nicht sind.

Dem Weisen genügt ein minimales Indiz, um eine Gefahr zu verhindern.

Das Unglück einzelner ist eine Warnung für alle.

Für den Weisen ist jede Schande eine Lektion für das Leben.

Eine Aktivität zu tun, für die man nicht gemacht ist, ist schädlicher als nutzlos.

Eine Fähigkeit besitzen, ohne sie zu nutzen, ist wie: sie nicht zu haben.

Niemand kann vor seinem Schicksal fliehen.

Das Schicksal ist stärker als jede menschliche Prognose.

CICERO

Marcus Tullius Cicero war Politiker, Redner und Schriftsteller. Er wurde 106 v. Chr. in der Nähe Roms in Arpinum geboren und wurde in Rom in Redekunst und Rechtskunde unterrichtet. Früh studierte er in Athen und auf Rhodos griechische Philosophie und Rhetorik. Danach arbeitete er als Verteidiger vor Gericht und klagte Korruption an. Er wurde 63 v. Chr. zum Konsul gewählt, obwohl er nicht dem Adel angehörte. Denn in der Regel war es dem römischen

Adel vorbehalten, dem Senat anzugehören und hohe Ämter zu bekleiden. Durch sein mutiges Auf- und Eintreten seiner freiheitlichen Einstellung geriet er bald in Konflikt mit Julius Caesar, der nach Allein-herrschaft strebte. Nach der Ermordung Caesars setzte er sich für die Wiederherstellung der Res Publica ein und damit wurde er zum Feind von Octavian und Antonius, den Nachfolgern Caesars. Als Politiker von seinen Gegnern geächtet, machte er sich als Schriftsteller einen großen Namen. Cicero ist eine klare, gut entwickelte lateinische Sprache zu verdanken, in der sich Gelehrte in ganz Europa ein weiteres Jahrtausend miteinander verständigen konnten.

Was du sähst, das wirst du ernten.

Jeder sollte nur das tun, was er kann.

Nichts ist schwer für den, der liebt.

Jeder schließt sich bevorzugt denjenigen an, die ihnen ähnlich sind.

Ein wahrer Freund ist ein anderes sich selbst.

Das Gesicht ist der Spiegel der Seele und die Augen dessen Licht.

Meinungen sind frei.

Vorsicht ist die Fähigkeit, zwischen Dingen zu tun von Dingen, die zu vermeiden sind, zu unterschei-den.

Tue niemals etwas, von dem du nicht sicher bist, ob du es tun sollst oder nicht.

Jeder Mensch irrt sich, aber es ist albern, im Irrtum zu beharren.

Es genügt nicht, Weisheit zu erlangen, man muss sie auch nutzen.

Den Starken hilft das Glück, aber noch mehr die Intelligenz.

Niemand kann nicht wirklich ehrlich sein, wenn er nicht auch wahr ist.

Menschen urteilen selten nach der Wahrheit, aber nach der gängigen Meinung.

Die Welt ist voller Dinge ohne Sinn.

Nichts trocknet schneller als eine Träne.

Man kann nicht alles sofort haben.

Hoffen wir das, was wir möchten, aber akzeptieren wir das, was passiert.

Niemand kann die Vergangenheit verändern.

Die Erinnerung verblasst, wenn sie nicht geübt wird.

Keine intelligente Person würde sagen, dass eine Meinung ändern ein Symptom der Inkonstanz sei.

∞

DIOGENES

Diogenes, bekannt als antiker griechischer Philosoph, der um das Jahr 400 v.Chr. in Sinope in Anatolien geboren ist, musste aus seiner Heimat fliehen und ging nach Athen, wo er die philosophische Schule des Antisthenes besuchte und Platon kennenlernte. In Athen wurde er durch seinen eigensinnigen Lebenswandel bekannt: er lebte in Bedürfnislosigkeit in einer Tonne. Plutarch hat unter anderem von Diogenes überliefert: Diogenes liegt an einem Baum in der Sonne. Alexander der Große, der zusammen mit den Griechen einen Krieg gegen den Ansturm der Perser führte, soll auf ihn zugegangen sein und ihn gefragt haben, was er für ihn tun könne. Diogenes soll darauf nur geantwortet haben: „Geh mir nur ein wenig aus der Sonne." Alexander der Große war so überrascht von Diogenes' Geringschätzung ihm gegenüber als bekannten großen Mann, dass er Diogenes für seine Seelengröße bewunderte. Von Diogenes sind ebenso nur einige wenige Stücke seiner Werke in Dialogform und Tragödien mit philosophischen Argumenten erhalten.

Ich bevorzuge einen Tropfen Glück mehr als ein Fass voller Weisheit.

Zufälle sind unvorhergesehene Ereignisse, die einen Sinn haben.

Die Musik ist imstande, bei Unglück in der Liebe zu trösten.

Es sei göttlich, nichts zu bedürfen und gottähnlich, nur wenig nötig zu haben.

Das Beste auf der Welt ist die Redefreiheit!

Die großen Diebe führen die Kleinen ab.

ENNIUS

Quintus Ennius wurde in Rugge in der Provinz Taranto in Apulien im Jahr 239 v. Chr. als Sohn einer adligen Familie mit feiner hellenischer Kultur geboren und wuchs dreisprachig – lateinisch, griechisch und oskisch – auf. Er ging später nach Rom, wo er Kontakt mit den wichtigsten römischen Adelsfamilien schloss, die wie seine Familie der griechischen Lebensweise nahestanden. Er wird oft als Vater der römischen Poesie bezeichnet.

Jeder Mensch wünscht sich, wertgeschätzt zu sein.

Jemandem Gutes tun, der es nicht verdient hat, ist wie etwas Schlechtes tun.

Es ist töricht zu wünschen, das verboten zu wünschen ist.

Ein Weiser ist umsonst weise, wenn er nicht weiß, wie er sich selbst nutzen kann.

Niemand wird immer vom Glück verfolgt.

EPIKTET

Epiktet war ein antiker und einflussreicher Philosoph seiner Zeit, um das Jahr 50 n. Chr. in Hierapolis in Phrygien geboren. Er kam als Sklave nach Rom, wurde aber später von seinem Herrn, Epafrodito, ein von Nero freigelassener Sklave und wohlhabender Mann, freigelassen. Er studierte Philosophie in Rom und war ein Anhänger der Stoa. In Rom lehrte er Philosophie, ging später nach Nikopolis in Epirus, wo er seine Philosophenschule gründete, die er bis zu seinem Tod leitete. Viele seiner Schüler folgten ihn dorthin. Der Grund seines Weggangs aus Rom war eine Ausweisung von Philosophen aus Rom durch den späteren Kaiser Domitian. Epiktet lernte den nachfolgenden Kaiser Hadrian kennen, mit dem er eine persönliche Beziehung unterhielt. Epiktet sieht die Reise durch das Leben wie eine Schiffsreise mit dem daran geknüpften Rat, das zu wollen, was da ist, weil das, was wir wollen, nicht eintritt. Er glaubt, dass der Mensch im Äußeren nicht Herr seines Schicksals ist, aber im Inneren, in seinen Gedanken und Einstellungen. Um gut zu leben und die Leiden des Schicksals zu reduzieren, sollte der Mensch aus seinem Leben unter ethischen und moralischen Aspekten das möglichst Beste daraus machen, genügsam sein und nur das zu kultivieren, was in seinem Leben änderbar ist und nicht das, was nicht änderbar ist.

Alles, was der Natur gemäß geschieht, geschieht richtig.

Ein Mensch ist für eine Aufgabe gemacht, ein anderer Mensch für eine andere.

Deine Aufgabe in deinem Leben ist es, in vornehmer Weise den Teil wiederzugeben, der dir von der Natur zugewiesen wurde.

Einmal die Grenze überwunden, gibt es kein Limit mehr.

Der Schaden eines jeden Wesens besteht in dem, was nicht seiner Natur entspricht.

Vielen gefällt es, Ausreden für ihre Fehler zu finden.

Nur der kultivierte Mensch ist wirklich frei.

Wenn du nur Wasser trinkst, beschwer dich nicht jedes Mal, nur Wasser zu trinken.

Das Glück besteht nicht darin, zu kaufen und zu genießen, sondern darin, nichts zu wünschen.

EPIKUR

Epikur ist auf der griechischen Insel Samos 341 v. Chr. geboren. Er wurde Philosoph und Begründer der epikureischen Schule. Bereits als Vierzehnjähriger interessierte er sich für Philosophie und gründete später eine eigene Philosophenschule in Athen, die er „Garten" nannte und im Gegensatz zu den herrschenden gesellschaftlichen Sitten für alle geöffnet war, ungeachtet nationaler Herkunft, sozialer, kultureller und geschlechtlicher Zugehörigkeit. Seine Schule war sehr begehrt und entwickelte sich zur Konkurrenz der aristotelischen und platonischen Schule. Wie viele andere widmete sich Epikur unter anderem in der Ethik dem Problem des Glücks und der Überwindung von Leid und Schmerz durch Verzicht auf übermäßiges Vergnügen und in der Befreiung von Ängsten, die aus der Kindheit stammen.

Niemand ist zu jung oder zu alt für das, was der Seele guttut.

Es ist nicht möglich glücklich zu sein, ohne ein weises, schönes und richtiges Leben zu leben, genauso wie es unmöglich ist nicht glücklich zu sein, wer ein weises, schönes und richtiges Leben lebt.

Das Richtige ist stets ruhig, das Falsche stets unruhig.

Nichts wird geboren aus etwas, das nicht ist.

Wir brauchen die Hilfe der Freunde weniger, als auf die Hilfe der Freunde vertrauen zu können.

Freundschaft verschafft uns das größte und beständigste Glück im Leben.

Ein Vergnügen ist an sich nicht schlecht, aber die Art und Weise, wie wir uns Vergnügen beschaffen, bringt mehr Schmerzen als Freude.

Einige Wünsche und Verlangen sind naturgemäß und notwendig, andere naturgemäß, aber nicht notwendig und wieder andere sind weder naturgemäß noch notwendig.

Der Aufstieg des größten Guten fällt immer mit der Befreiung des größten Bösen zusammen.

Die schönste Frucht der Selbstgenügsamkeit ist die Freiheit.

Der Reichtum, nach dem unsere Natur verlangt, ist begrenzt und leicht zu verschaffen. Der aufgrund haltloser Ansichten angestrebte Reichtum geht ins Unermessliche.

Das gerechte Leben ist unerschütterlich, das ungerechte dagegen voll der größten Unruhe.

GORGIAS

Gorgias ist um das Jahr 487 v. Chr. in der Nähe von Syrakus auf Sizilien geboren. Er studierte Rhetorik. Auf Drängen seiner Mitbürger reiste er als Botschafter nach Athen und schon nach kurzer Zeit wurde er für seine ausgezeichneten Fähigkeiten als Meister der Rhetorik gerühmt. Von seinen Werken sind einige Reste erhalten geblieben. Gorgias entdeckte und bestätigte die Wichtigkeit des Wortes als ein formbares Instrument der Suggestion und Überzeugung. Platon sagte über ihn, dass er fähig sei, große Dinge klein und kleine Dinge groß scheinen zu lassen.

Was ohne Liebe gesät wird, wird mit Schaden geerntet.

Nichts existiert. Wenn es existiert, ist es unerkennbar. Ist es erkennbar, ist es nicht kommunizierbar.

Es ist besser, bei einer Frau nicht die Schönheit zu sehen, sondern die Wertschätzung, die sie gegenüber sich selbst hegt.

HESIOD

Er galt als einer der ersten griechischen Dichter und Begründer des Lehrgedichts, des didaktischen Epos. Der Überlieferung nach stammte er aus einer Adligen Familie, was aber in den Schriften nicht eindeutig belegt ist. Vermutlich wurde er um ca. 700 vor Christus in Askra geboren und lebte als Ackerbauer und Viehhalter. Schon früh widmete er sich der Poesie und Literatur. Seine unzähligen Werke bereichern das heutige Wissen über das griechische Alltagsleben. Hesiod fordert zu sittlichem und redlichem Lebenswandel auf in einer Zeit, die er als Eiserne Zeit benennt, gekennzeichnet durch Verrohung und Verfinsterung der Menschen, nachdem das goldene, silberne und bronzene Zeitalter vergangen waren. Hesiods Lehre: Wohlstand und Zufriedenheit bauen auf diesem genannten Lebenswandel auf.

Vor dem Erfolg haben die Götter den Schweiß gesetzt.

Narren sind diejenigen, die nicht wissen, dass die Hälfte oft mehr wert ist als das Ganze.

Liebe den, der dich liebt, geh zu denjenigen, die deine Begleitung suchen, biete Geschenke denen, die dir Geschenke bieten und diejenigen, die dir nichts geben, gebe nichts.

Übe nur stets Mäßigung. Denn Maß ist von allem das Beste.

Wer anderen schadet, schadet sich selbst.

Vertraue dich dem Manne nicht an, der jedermanns allgemeiner Freund ist. Er wird nicht irgend jemands besonderer Freund sein.

HIPPOKRATES

Hippokrates wurde um das Jahr 460 vor Christus auf der griechischen Insel Kos als Sohn einer Arztfamilie geboren. Er galt schon zu seinen Lebzeiten in der griechischen Antike als berühmtester und verehrtester Arzt und Begründer der Medizin als Wissenschaft. Bekannt ist bis heute vor allem unter den Medizinern der Eid des Hippokrates, die Formulierung einer notwendigen ärztlichen Ethik, nach dem sich bis heute alle Mediziner richten sollten. Seine Lehren schrieb er in seinem Corpus Hippocraticum auf, das medizinische, chirurgische und ethische Werke beinhaltet und ihm großen Ruhm einbrachte.

Nichts ist gesund, was die Grenzen der Natur überschreitet.

Je mehr ein unreiner Körper genährt wird, desto mehr schadet es ihm.

Unternimm keine Anstrengungen, wenn du Hunger hast.

Eine zu üppige Ernährung kann zu Krankheiten führen.

Die Verdauung ist im Sommer und im Herbst mühsam, leicht im Frühling und noch leichter im Winter.

Je nach Temperament geht es einigen im Sommer und anderen im Winter besser.

Der männliche Fötus installiert sich im Allgemeinen rechts, der weibliche Fötus links.

HOMER

Homer galt als einer der exzellentesten griechischen Dichter des Abendlandes seiner Zeit und darüber hinaus. Es ist nicht sicher, ob er ursprünglich aus Chio, Samo oder Smirne stammt, wo und wann er geboren ist und gelebt hat. Der Überlieferung nach ist er als uneheliches Kind geboren, von seinem Vater ist nichts bekannt. Wahrscheinlich hat er zwischen dem neunten und achten Jahrhundert vor Christus gelebt. Die bekanntesten Werke Illias und Odyssee werden ihm zugeschrieben. Seine Weisheiten sind einfach und ruhig.

Das Beste ist, in allen Dingen das richtige Maß zu respektieren.

Niemand kann sich die Gaben der Götter aussuchen.

Die Herzen der Jugendlichen schwanken immer.

Die Jugend hat große und leidenschaftliche Gedanken, aber wenig Sinn.

Auch ein schöner Traum wird langweilig, wenn zu viel davon.

Es ist nicht schön, ohne Maß zu prahlen.

Es ist schlecht, etwas zu geben und nichts dafür zu erhalten.

Der Rat eines guten Freundes ist oft ein guter Rat.

Die Anstrengungen vieler produzieren bessere Resultate, als die eines Einzigen.

Etwas, das passiert ist, kann auch Zeus nicht rückgängig machen.

Erst wenn ein Ereignis bereits geschehen ist, versteht es auch ein Narr.

Das Herz der Starken weiß, wie man im rechten Moment nachgibt.

Es ist sinnlos, in den Wind zu reden.

Jeder Mensch genießt verschiedene Dinge.

Die Vorwürfe der Meister wiegen.

Bescheidenheit passt nicht zu den Bedürftigen.

Im Unglück altern die Menschen früher.

Es ist schlecht, maßlos zu trauern.

HORAZ

Der römische Dichter Quintus Horatius Flaccus ist 65 v. Chr. in Venusia, auf dem Appenin Lucano geboren. Er stammt aus einer bescheidenen Familie der Unterschicht. Sein Vater war ein Sklave, der freigelassen wurde. Die Familie lebte ein autarkes Landleben auf einem kleinen Gut. Horaz erhielt dennoch eine ausgezeichnete Bildung in Rom, unter anderem ein Literatur- und Grammatikstudium. Seine Studien setzte er in Athen fort, wo er Rhetorik und Philosophie studierte. Während der römischen augusteischen Zeit entwickelte er sich zu einer der bedeutendsten und einflussreichsten Dichter. Von dem römischen adligen Gönner und Kunstliebhaber Maecenas, der außergewöhnliche Talente unterstützte, bekam er ein beschauliches kleines Landgut in den Sabinerbergen geschenkt, wo sich Horaz, der das chaotische römische Stadttreiben nicht mochte, zurückziehen und sich ganz seiner Dichtung und Philosophie widmen konnte. Die Gegensätze zwischen Land- und Stadtleben drückt Horaz in seiner auch heute noch bekannten Fabel von der Landmaus und der Stadtmaus aus.

Mit dem Reichtum wachsen sowohl die Sorgen als auch das Verlangen, noch mehr haben zu wollen.

Gut lebt derjenige, der sich mit wenigem zufrieden gibt.

Der Weise weiß, dass es besser ist, die Segel aufzurollen, wenn der Wind zu günstig weht.

Niemand ist mit seinem Zustand glücklich.

Niemand wird ohne Makel geboren; glücklich ist der, der nur einige leichte mitbekommen hat.

Wenn es dir heute schlecht geht, ist es nicht gesagt, dass es auch morgen so sein wird.

Allen Beifall gewinnt, wer das Nützliche unter das Angenehme mischt.

Versuche, die Dinge an dich anzupassen, nicht du dich an den Dingen.

Wenn das Gefäß nicht sauber ist, stinkt alles, was du hineinstellst.

Wer großen Reichtum besitzt, muss sehr gesund sein, um ihn friedlich genießen zu können.

Der Neidvolle verbraucht sich am Anblick des Wohlstandes anderer.

Es gibt ein Maß in allen Dingen, es gibt bestimmte Grenzen.

Überlege oft, was du über jemandem sagst und zu wem du es sagst.

Da die Zeit kurz ist, begrenze deine Hoffnung.

Es braucht Mut, um ein Urteil zu haben.

Wer klein ist, dem werden kleine Dinge gesagt.

Wer in Angst lebt, ist niemals frei.

Ein Wort, einmal gesagt, ist nicht widerrufbar.

MARK AUREL

Mark Antonius Aurel war ein bedeutener römischer Kaiser und Philosoph, der mit spanischen Wurzeln in Rom 121 n. Chr. zur Welt kam. Schon sehr früh in seiner Jugend hat er die Wertschätzung von Kaiser Hadrian gewonnen, der ihn von den besten Meistern seiner Zeit erziehen und von Antonius Pius, dem späteren Kaiser Roms, adoptieren ließ. Mark Aurel heiratete früh dessen Tochter und wurde selbst zum römischen Kaiser. Als Philosoph war Mark Aurel von den stoischen philosophischen Lehrmeistern beeinflusst, was sich bereits an seinem Verhalten als Zwölfjähriger bei ihm zeigte. Seine Gedankenwelt zeigt sich in seinem Werk „Selbstbetrachtungen". In seinen zwölf Büchern in Form von philosophischen, moralischen Tagebüchern sammelte er unsystematisch Gedanken und Reflektionen auf Griechisch über verschiedene Themen wie beispielsweise Verantwortung, Ethik, Moral, Anschauungen über die Welt und vieles mehr. Als römischer Kaiser wurde Mark Aurel vor immense Herausforderungen gestellt; zum Beispiel musste er gegen verschiedene eindringende germanische Stämme ankämpfen.

Du musst so agieren, sprechen und denken, als wäre dieser Augenblick der letzte in deinem Leben.

Nichts kann schlecht sein, wenn es der Natur entspringt.

Alles was mit dem Universum in Harmonie ist, ist in Harmonie auch mit mir.

Ist es nicht richtig, tue es nicht, ist es nicht wahr, sage es nicht.

Unternimm nichts rein zufällig.

Schau in die Dinge; lass dir nichts entgehen, nicht die Qualität, nicht den Wert.

Habe nicht die Meinung desjenigen, der dich schädigen will oder wie er möchte, dass du sie hast, sondern sieh nur darauf, wie die Dinge in Wahrheit sind.

Vertraue auf deine eigene Richtigkeit und Erkenntnis. Das ist wichtig.

Dein Verstand wird von deinen Gedanken gelenkt, weil er sich mit Gedanken imprägnieren lässt.

Es entspricht nicht dem Wesen eines guten Menschen, nach den schwarzen Stellen im Charakter anderer auszuspähen; vielmehr muss er schnurgerade auf sein Ziel losgehen, ohne rechts und links zu blicken.

Liebe den Beruf, den du gelernt hast und er wird gut bezahlt.

Jedes Wesen ist, in gewissem Sinn, der Same eines anderen Wesens.

Der beste Weg, sich vor jemandem zu verteidigen ist, sich wie er zu benehmen.

Nimm ohne Stolz, lass ohne Schwierigkeit.

Sei nüchtern, auch wenn du dich vergnügst.

Wir alle kooperieren an einem Zweck, einige bewusst und intelligent, andere ohne es zu erkennen.

MENANDROS

Menandros, geboren 342 v. Chr. in Kephisia/Athen war ein griechischer Komödiendichter, der aus einer wohlhabenden Familie stammte, als Schüler von Teofastros aus der Philosophenschule des Aristoteles' kam und ein Freund Epikurs war. In einer Zeit lebend, in der Athen inzwischen seine politische Relevanz verloren hatte, aber ein großes kulturelles Zentrum blieb, umfasste das Repertoire seiner Werke unpolitische, auf kleine menschliche Schwächen der Bürger bezogene Komödien. Seine Beobachtungen der menschlichen Psyche spiegeln eine tiefgreifende Menschenkenntnis wider. Seine Werke werden der *Neuen Komödie* zugeschrieben und waren Inspirationsquelle für viele spätere bekannte Autoren.

Es langsam angehen in der Liebe entzündet die Leidenschaft, es eilig angehen dagegen beendet sie schnell.

Mit gutem Willen und Konstanz kann man alles erreichen.

Wir leben nicht, wie wir wollen, wir leben, wie wir können.

Verzage nicht bei großem Leid, vielleicht ist das Unglück die Quelle eines Glücks.

Keine ehrliche Person wird in kurzer Zeit reich.

Wenn wir an die Natur des Menschen denken, wird es leichter die Leiden zu ertragen.

Die meisten Krankheiten sind Ursache eines (seelischen) Leidens.

Gold öffnet alles, auch die Türen aus Bronze.

Es ist schwer, einen alten Baum erfolgreich umzupflanzen.

OVID

Publio Ovidio Nasone wurde als Sohn einer wohlhabenden adligen Familie in Sulmona 43 v. Chr.

geboren. Er studierte in Rom und in Athen Rhetorik und anschließend reiste er lange durch Griechenland, Kleinasien, Ägypten und Sizilien, bevor er nach Rom zurückkehrte. Dort widmete er sich der Poesie. Aufgrund seiner Verse und seiner brillanten Persönlichkeit wurde er bei den Jugendlichen der Aristokratie zum Idol seiner Zeit. Auf der Höhe seiner künstlerischen Laufbahn wurde er ans Schwarze Meer ins Exil geschickt. Es wird angenommen, dass er aufgrund einiger seiner Verse, die zu der Zeit als unmoralisch und mondän galten, ins Exil gehen musste, wo er 17 oder 18 v. Chr. verstarb.

Sei liebenswert, wenn du geliebt werden möchtest.

Was leicht zu haben ist, wird weniger begehrt.

Gewähre Erholung, der Acker, der sich erholt, gibt reichlich.

Wer liebt, sollte sich niemals dem Objekt seiner Liebe sicher sein, weil Rivalen fehlen: ohne Verdächtige und ohne Eifersucht hält die Liebe nicht lange.

In der Liebe sind die bittersten Gifte unter dem süßesten Honig versteckt.

Oft verstummt die besänftigte Liebe in Langeweile und wird lästig wie ein allzu süßes Lebensmittel.

Wer sündigen darf, sündigt weniger.

Das Vergnügen ist größer, wenn es verboten ist.

Willst du eine treue Frau, dann suche dir keine Hübsche.

Wird die Fackel geschüttelt, brennt die Flamme stärker. Schüttelt sie niemand, erlischt sie.

Nichts ist härter als ein Stein, nichts ist weicher als Wasser. Und doch gräbt das Wasser auf Dauer den Stein.

Auch wer schweigt, spricht mit dem Gesicht.

Nichts ist stärker als die Gewohnheit.

In der Liebe ist die reife Frau vorzuziehen, weil sie mehr Erfahrung hat und Erfahrung macht künstlerisch.

Was zu leicht erlaubt wird, ist schlecht für eine lange Liebe.

Desto intensiver ist Liebe, je später sie kommt.

Willst du dich gut verheiraten, heirate einen, der dir ähnlich ist.

Wer liebt, glaubt alles was er hofft.

Übermäßige Leichtgläubigkeit war immer schädlich für die Mädchen.

Wer einmal Schiffbruch erlitten hat, fürchtet auch stille Wasser.

Alles verändert sich, nichts stirbt.

∞

PERSIUS

Aulos Persius Flaccus ist 34 n. Chr. in Volterra in der Toskana in einer etruskischen Familie aus dem Ritterstand geboren. Mit zwölf Jahren wurde er von seiner Mutter nach Rom gebracht, um dort Schulen für Grammatik, Rhetorik und Philosophie zu besuchen. Er freundete sich mit Philosophen, Intellektuellen und Gegnern Neros an, unter anderen mit dem stoischen Philosophen Lucius Annaeus Cornutus. Von dessen Lehren in seinen Dichtungen beeinflusst, führte er ein zurückgezogenes und karges Leben in und außerhalb Roms. Unter anderen lernte er auch den Philosophen Seneca kennen.

Suche dich nicht außerhalb von dir selbst.

Man muss das Übel beseitigen bevor es sich manifestiert.

Die Menschen sehen auf die Fehler der Anderen, anstatt ihre eigenen Fehler zu sehen.

Kunsthandwerk lernt derjenige schneller, der hungrig ist.

Genießt du das Leben, genießt du die schönen Dinge: wirklich unseres ist nur das, was wir genießen.

Vom Nichts kann nichts entstehen und nichts kann im Nichts enden.

PINDAR

Der griechische Dichter wurde 518 v. Chr. in Cinoce-
fale nahe Theben geboren. Er entstammt einer adligen Familie, studierte in Athen und wurde schon als
sehr junger Mann als Poet bekannt. Sein Leben fiel
in die Zeit der Perserinvasion. Das aristokratische
Theben kämpfte mit den Persern gegen die atheni-
schen Griechen. Nach den persischen Kriegen, die
die Griechen gewannen, reiste und arbeitete Pindar
sehr viel: beispielsweise verbrachte er einige Zeit auf
Sizilien und in Mazedonien. Er schrieb vor allem
Chorlieder. Heute sind unter anderem viele Fragmente erhalten geblieben, die er zur Sonnenfinster-
nis im Jahr 463 v.Chr. komponierte. Zeit seines Lebens hielt er an aristokratischen Idealen fest.

Traum eines Schattens ist der Mensch.

Es gibt nichts, das allen gefallen könnte.

Schönheit ist für die Sterblichen die Mutter von allem, was süß ist.

Worte leben länger als Taten.

Nur wenige erhalten Freude ohne Bemühungen.

Leidenschaften überwältigen auch die Weisen.

Es gibt Wege, die führen weiter weg als andere.

Jeder sollte seine eigenen Grenzen kennen.

Entschädigung ist der Ruhm der Guten.

Der Weise macht diskreten Gebrauch der Macht, wenn die Götter ihm das gewähren.

Wer oft weh tut, leidet oft.

Wer schweigt, gibt mehr Freude.

Es ist besser, bei jedem Ereignis, sich um die Gegenwart zu kümmern.

Was ist Gott? Nichts anderes als Alles.

Wenn du ein Leid hast, sage es nicht Allen.

Je größer die Bemühungen, desto größer ist danach die Freude.

Auch die nobelste Unternehmung erlöscht, wenn sie unerwähnt bleibt.

Neid und leere Köpfe gehen immer zusammen einher.

PLATON

Platon, einer der bekanntesten antiken, griechischen Philosophen, ist 427 v. Chr. in Athen als Sohn einer adligen Familie geboren. Bereits in seiner frühen Jugend beschäftigte er sich mit philosophischen Schriften und wurde Schüler von Sokrates. Nach dessen Tod unternahm er Reisen nach Ägypten, wo er Kontakt mit der pitagoraischen Schule aufnahm, und nach Syrakus. Als er nach Athen zurückkehrte, eröffnete er seine eigene philosophische Schule. Seine Themen sind unter anderem die Ideenlehre, die Unsterblichkeit der Seele, Kosmologie, Naturphilosophie, Ethik, Anthropologie. Die Akademie wurde zu einer der erfolgreichsten und angesehensten Zentren der hellenistischen Kultur. Hier lehrte er für den Rest seines Lebens.

Wir sind nicht nur für uns selbst geboren.

Das was du nicht erhoffst, kommt häufiger als das, was du erhoffst.

Jeder ist von Natur aus Freund seiner selbst.

Identische Ansichten machen Freundschaft perfekt.

Niemand zeigt dir mehr Freundschaft als ein Freund, der Hilfe braucht.

Schaum ist das Ornament des Jugendlichen.

Wenn du nicht viel wünschst, scheinen auch die kleinen Dinge groß.

Der rechte Mensch ist glücklich, weil er recht ist, der üble Mensch ist schändlich, weil er übel ist.

Es gibt keinen König, der nicht von Sklaven, und keinen Sklaven, der nicht von Königen abstamme.

Freiheit ist, Herr deines Lebens zu sein.

PLAUTUS

Titus Maccius Plautus ist in Sarsina in Umbrien um das Jahr 254 v. Chr. geboren. Er war einer der ersten römischen Dichter von Komödien. Von seinem Leben ist nur wenig bekannt. Als gesichert gilt, dass er in Rom lebte und als Schauspieler einer Theatergruppe umherzog und erst später, mit ungefähr fünfundvierzig Jahren, Theaterstücke schrieb. In seiner Jugend versuchte er sich als Händler, verlor aber all sein Geld, verschuldete sich und wurde dadurch zum Sklaven. Weil aber zu der Zeit Komödien beliebt waren, kamen seine Stücke beim Publikum sehr gut an. Er wurde erfolgreicher Schriftsteller, konnte damit Geld verdienen, und wurde wieder frei gelassen, nachdem er seine Schulden abbezahlt hatte. In seinen Komödien spiegelt sich das typische römische Leben wider. Aber auch griechische Persönlichkeiten sind in seinen Theaterstücken zu finden. (Traina, 1970)

Wer verdienen will, muss ausgeben.

Beschäftige dich nicht mit Dingen, die dich nichts angehen.

Die Not zwingt dazu, irgendeine Sache zu machen.

Die Scham ist das beste Gewand der Jugend.

Lieben ist in der menschlichen Natur inkonsistent.

Die Flamme ist immer sehr nah am Feuer.

Etwas, das getan ist, kann nicht mehr nicht getan sein.

Eine Frau duftet gut, wenn sie kein Parfüm trägt.

Ohne Flügel ist es nicht leicht zu fliegen.

Die Hoffnung hat schon viele enttäuscht, die hofften.

Geld bringt Freunde.

Wo Freunde sind, da ist auch Geld.

Wer andere beschuldigt, muss ohne Fehler sein.

Der Mensch ist ein Wolf dem Menschen.

Im Alter wird man wieder zum Kind.

PLUTARCH

Ein weiterer griechischer Schriftsteller und Gelehrter, der von Platons Werken beeinflusst war, wurde ca. um das Jahr 47 vor Christus in Cheronea als Sohn einer alteingesessenen Familie aus der Oberschicht geboren. In Athen studierte er platonische Philosophie, Mathematik, Medizin und Rhetorik. Viel gereist durch Asien und Ägypten, hielt er sich lange Zeit in Rom auf, sein Hauptwohnsitz aber blieb seine Geburtsstadt Cheronea, wo er auch die meisten seiner Bücher schrieb.

Wolken bringen Schatten vor der Sonne, wie Leidenschaften vor der Vernunft.

Eine Person, die man liebt, sollte nicht beurteilt werden, aber man sollte sie erst lieben, nachdem man sie beurteilt hat.

Es ist würdiger von einem König, mehr zu geben als zu nehmen.

Getränke stillen den Durst und Nahrungsmittel beruhigen den Hunger, aber Gold und Silber sättigen die Gier nie.

Es ist zwecklos, sowohl die Stimme in Fischen als auch den guten Geschmack in schlecht erzogenen Personen zu suchen.

Geduld ist besser als Kraft. Viele Dinge, die man nicht auf einmal bekommen kann, können Stück für Stück erworben werden.

PROTAGORAS

Protagoras ist wahrscheinlich im Jahr 480 v. Chr. in Abdera, einer griechischen Kolonie, geboren. Er war ebenfalls ein antiker griechischer Philosoph und einer der bedeutenden Sophisten seiner Zeit, der sehr viel reiste. Seine Werke sind nur bruchstückhaft erhalten geblieben. Die meisten wurden zu seiner Leenszeit verbrannt, weil er unter anderem über die Götter schrieb, dass es ihm nicht möglich sei zu wissen, ob sie existieren oder nicht und wie ihre Gestalt sei. Des Atheismus angeklagt, musste er aus Athen fliehen. Er starb bei einem Schiffbruch, als er versuchte, nach Sizilien zu gelangen.

Der Mensch ist das Maß aller Dinge.

Die Praxis ohne eine Theorie ist blind, wie eine Theorie ohne Praxis.

Ein guter Lehrer ist eine richtige Synthese aus natürlicher Begabung und konstanter Übung.

Tue nicht das, was du nicht kannst, aber lerne das, was du wissen solltest.

Denke nach, bevor du handelst, um keine ungesunden Dinge zu tun.

Über die Götter ist es unmöglich zu ergründen, ob sie existieren oder nicht oder wie ihre Gestalt beschaffen ist.

Hasse einen Freund nicht für einen kleinen Fehler.

Verbrauche dein Herz nicht mit Schmerz und Leid.

Denk daran, dass die Menschen selbst die Schöpfer ihrer eigenen Leiden sind.

Es gibt viele Menschen, die sehr ungerecht und sehr ruchlos sind, sehr zuchtlos, sehr unverständig und unwissend, aber hervorragend tapfer. Drum ist nicht jede Tapferkeit eine Tugend.

PYTHAGORAS

Ungefähr im Jahr 570 vor Christus ist Pythagoras auf der Insel Samos geboren. Er studierte Philosophie. Im Anschluss an sein Studium reiste er nach Kreta, Ägypten und Persien, wo er sich mit Mathematik, Astronomie und Mystik befasste und ihm sich weitreichende Kenntnisse erschlossen. Hier sei der bekannte Satz des Pythagoras erwähnt. Später wanderte er nach Süditalien aus, wo er eine Schule gründete, deren Mitglieder sich Pythagoräer nannten. Er sah den Kosmos als göttliche Substanz und eine harmonische Struktur des Universums, innerhalb dessen die menschliche Seele ein Fragment darstellt.

Die Zahl ist das Wesen aller Dinge.

Das Schönste ist Harmonie.

Nicht ohne Licht reden.

Ehre die Eltern und deine nächsten Angehörigen.

Überlege, bevor du handelst, um keine ungesunden Dinge zu tun.

Tue nichts was du nicht kannst, aber lerne alles, was es wert ist zu wissen.

Schaut in euch hinein und betrachtet die Unendlichkeit von Raum und Zeit.

Die Seele ist unsterblich und wechselt den Ort, indem sie von einer Art Lebewesen in ein anderes übergeht.

Pythagoras ermahnt: alle Lebewesen haben die gleichen Rechte. Diejenigen, die ein Lebewesen beleidigen, werden von unversöhnlichen Strafen überwältigt.

Im rechtwinkeligen Dreieck ist die Summe der Kathetenquadrate gleich dem Hypothenusenquadrat.

SALLUST

Gaius Sallustius Crispus ist 86 v. Chr. in Amiterno, in Sabina als Sohn einer reichen plebejischen Familie geboren. Er studierte in Rom und wurde Politiker. Früh wurde er in den Senat gewählt, wurde aber aufgrund seines moralischen Fehlverhaltens nach kurzer Zeit wieder entlassen. Zudem stand er auf der Seite Cäsars, der zu dieser Zeit in Konflikt mit dem Senat stand. Nach dem Sieg Cäsars im Jahr 46 v. Chr. wurde er Stadthalter in der neuen römischen Provinz Africa Nova, das heutige Gebiet Tunesien und Ostalgerien. Seine Position nutzte er auf ausbeuterische Weise aus, indem er zahlreiche Schätze aus der neuen Provinz Africa Nova ausraubte. Damit häufte er immensen Reichtum an und konnte sich mit dem Raubgut prächtige Anwesen in Rom anlegen lassen, einen davon zum Beispiel auf dem Monte Pincio, einer der sieben Hügel Roms. Als er aus Ostalgerien nach Rom zurückkehrte, wurde er der Erpressung und Bestechung beschuldigt, aber Cäsar schützte ihn. Nach dem Sieg über Cäsar stieg er aus der Politik aus und widmete sich nur noch dem Schreiben von Geschichten. Überliefert ist, dass er in seiner politischen Laufbahn häufig intrigierte, andere übervorteilte und sich skrupellos und übermäßig auf Kosten anderer bereicherte. Seine Worte stehen oft im krassen Widerspruch zu seinem Verhalten. Das trifft auch auf andere hier dargestellte Persönlichkeiten zu.

Viele Personen sind bekannt, aber nicht der Wertschätzung würdig.

Ruhm wird oft von Neid verfolgt.

Naturgemäß sind alle Menschen gleich; es ist nur der Wert, der einige edler macht als andere.

Not macht auch die Schüchternen mutig.

Wenn die Leidenschaft die Oberhand gewinnt, verliert der Verstand an Stärke.

In allen Unternehmen genügt es, zu beginnen, der Rest kommt von alleine.

SENECA

Lucius Annaeus Seneca war ein römischer Philosoph, Naturforscher, Politiker und Stoiker. Er wurde 4 v. Chr. als Sohn eines Rhetorikers, in Cordoba, Spanien, geboren. Er wuchs in Rom auf und dort erhielt er auch seine Bildung. Er galt als einer der reichsten Männer Roms seiner Zeit. In Senecas philosophischen Schriften empfahl er Verzicht und Zurückhaltung, was im Widerspruch zu seinem eigenen luxuriösen Lebensstil stand. Vom römischen Imperator Caligola frequentiert, wurde er vom Nachfolger Claudius ins Exil auf Korsika geschickt, wo er acht Jahre blieb, bis er von Claudius' Frau Agrippina nach Rom zurück berufen wurde, um ihren Sohn Nero zu erziehen und ihn auf seine künftige Rolle als nachfolgender Kaiser Roms vorzubereiten, in dem er ihm unter anderem politisch-philosophische Ideale und einen moderaten Führungsstil lehrte. Als Nero aber später seine despotischen Tendenzen manifestierte, zog sich Seneca ins private Leben zurück und widmete sich nur noch literarischen und philosophischen Aktivitäten. Später beschuldigte ihn Kaiser Nero der Beteiligung einer Verschwörung gegen ihn. Für Seneca war die Philosophie ein Mittel zur moralischen Entwicklung, zum Glück, um ein angemessenes Leben zu führen. Hierfür genoss er einen hervorragenden Ruf.

Wenn man auf den Uranfang zurückgeht, stammen wir alle von Gott ab. In diesem Punkt sind wir alle von Adel und sollten daraus die rechte Haltung gewinnen.

Glück entsteht da, wo einer seinen eigenen, wesensgemäßen Weg geht.

Zwei Dinge geben dem Geist die größte Kraft: der Glaube an die Wahrheit und das Vertrauen in sich selbst.

Die Philosophie lehrt zum Handeln, nicht zum Reden.

Eine Arbeit ohne Verlangen zu tun ist nichts wert.

Leichter ist es, etwas nicht zu bekommen, als es zu verlieren.

Zügel aus Gold machen das Pferd nicht besser.

Lass keinen Tag zu Ende gehen, an dem nicht ein Liebeswerk von dir geschehen, sei's gutes Wort, sei's gute Tat.

Das Leben ist wie eine Komödie: es spielt keine Rolle, wie lang sie ist, aber es spielt eine Rolle, wie sie geführt wurde.

Während wir unsere Zeit zwischen Verzögerungen und Einladungen verlieren, vergeht das Leben.

Nütze jeden Augenblick, jede Stunde, jeden Tag, als wäre er der letzte, und gib dein Bestes.

Nach geschlossener Freundschaft muss man trauen, vor ihrem Abschluss prüfen.

Es ist falsch, allen oder niemandem zu vertrauen, aber der erste Fehler ist, zu ehrlich zu sein und der zweite Fehler ist, zu sicher zu sein.

Wahre Freundschaft ist nur, wo Einheit herrscht. In ihr offenbart sich der Adel der Seele.

Wenn du an die Treue glauben willst, halt ihn dir treu.

Nicht auf die Größe des Vermögens, aber auf die Größe des Geistes kommt es an.

Wer sein Leben kontinuierlich mit Reisen verbringt, hat viele Gäste, aber keinen Freund.

Es ist unaufrichtig, eine Sache zu sagen und eine andere zu denken.

Wer befürchtet betrogen zu werden, hat gelernt zu betrügen.

Freude ist nur gut, wenn sie mit jemandem geteilt werden kann.

Während wir lehren, lernen wir.

Sage stets das, was du denkst und denke das, was du sagst, denn unsere Worte müssen mit unserem Lebensstil übereinstimmen.

Wenn du naturgemäß lebst, bist du niemals arm.

Die Wahrheit ist allen zugänglich.

Drei Dinge sollten vermieden werden: Hass, Neid und Verachtung.

Liebe kann nicht neben Angst koexistieren.

Wahre Freude kommt aus der Tugend.

Glanz läuft vorwiegend dem hinterher, der ihn flieht.

Glanz ist der Schatten der Tugend.

Niemand liebt seine Heimat, weil sie groß ist, aber weil es seine Heimat ist.

Auch nach einer schlechten Ernte sollten wir sähen.

Ein großer Teil jeder Verbesserung liegt in der Bereitschaft, sich zu verbessern.

Durch das Studium einzelner Teile ist es leichter, das Ganze zu kennen.

Sich selbst führen zu können, ist die größte Form der Führung.

Auch klare Dinge können noch klarer werden.

Viele lernen nicht für das Leben, aber für die Schule.

Das Beste ist es, geduldig zu sein und hinzunehmen, was nicht zu korrigieren oder zu vermeiden ist.

Zeit bringt Wahrheit ans Licht.

Das was genügt, ist niemals zu wenig.

Nichts währt ewig, nur wenig Dinge sind langlebig.

Niemand kann dauerhaft eine Maske tragen.

Der Schein trügt.

Die Unglücklichen glauben leicht an etwas, das sie sich sehr wünschen.

Das Glück fürchtet die Verwegenen und bedrückt die Schwachen.

Glück kann Reichtum geben, aber nicht die Stärke der Seele.

Wer mit Angst fragt, lehrt zu verweigern.

Großer Reichtum ist eine große Sklaverei.

Eine ungeheuerliche Führung dauert niemals sehr lange.

Schmerz und Vergnügen wechseln einander ab. Das Vergnügen aber währt am Kürzesten.

DIE SIEBEN WEISEN

Die Sieben Weisen, auch Sieben Wissenden genannt, waren eine Gruppe von sieben Persönlichkeiten des öffentlichen Lebens in der griechischen Antike, die im siebenten und sechsten Jahrhundert v. Chr. ungefähr zur selben Zeit lebten. Unter ihnen waren Staatsmänner und Naturforscher und alle sieben genossen aufgrund ihrer großen Weisheit und ihrer moralischen Werte hohes Ansehen. Es bestanden einige widersprüchliche Ansichten darüber, wer zu den sieben Weisen gehörte, die sich regelmäßig trafen. Einige Namen wurden bereits von Platon ausgetauscht. Im vierten Jahrhundert v. Chr. wurden die Namen der Sieben Weisen dann endgültig festgehalten: Biant, Kleobulos, Mison, Periandros, Pittakos, Thales und Solon, die anschließend zusammen mit ihren ihnen zugeschriebenen Zitaten einzeln kurz vorgestellt werden.

BIAS (1)

Bias von Priene lebte im sechsten Jahrhundert vor Christus. In der griechischen Antike wurde er als Politiker und Anwalt für seine Erneuerungen verehrt und respektiert. Er wurde wohl als einer der Sieben Weisen am meisten geschätzt.

Was du Gutes hast, schreib den Göttern zu.

Geh langsam ans Werk; was du begonnen, bei dem harre aus.

Gewinne durch Überzeugung, nicht durch Gewalt.

Wenn du schön aussiehst, musst du auch Schönes tun; wenn hässlich, solltest du den Mangel der Natur durch Edelsein ausgleichen.

Ein Ortswechsel macht aus einem Dummen keinen Intelligenten.

Wirklich unglücklich ist, wer ein Unglück nicht aushalten kann.

KLEOBULOS (2)

Kleobulos ist auf der Insel Rhodos in Lindo geboren, wo er im 6. Jahrhundert v. Chr. lebte. In seiner Stadt war er als Tyrann berüchtigt, der aber nicht durch

Gewaltherrschaft hervorstach. Später wurde auch er als einer der Sieben Weisen benannt.

Viel hören, nicht viel reden.

Maßhalten ist das Beste.

Die Lust beherrschen.

Den Gegner des Volkes als Feind ansehen.

Den Bürgern das Beste raten.

Nicht mit dem Spötter lachen, denn dann wirst du den Verspotteten verhasst sein.

Im Glück nicht stolz, im Unglück nicht niedrig sein.

MISON (3)

Mison lebte zwischen dem siebenten und sechsten Jahrhundert vor Christus. Von ihm und seinem Leben gibt es keine eindeutigen Überlieferungen. Aber in einigen Schriften stand sein Name unter den Sieben Weisen. Er wurde des Öfteren mit dem von Periandros ausgetauscht. Ich habe nur vereinzelte Aphorismen gefunden, die ihm zugeschrieben werden. Da er zu den sieben Weisen gezählt wurde, habe ich ihn der Vollständigkeit halber mit hineingenommen.

Lerne die Wörter zuerst von den Dingen, nicht die Dinge zuerst von den Wörtern.

Plane im voraus.

PERIANDROS (4)

Auch Periandros, der in Korinth von 627 bis 585 v. Chr. lebte, war als Tyrann und Despot bekannt, gleichzeitig aber ein kompetenter Politiker, der die Korinther zu wirtschaftlichem Aufschwung verhalf, Territorien eroberte, neue Kolonien gründete und günstige Allianzen bildete. Er teilte armen Bauern Land zu, verbat den Sklavenhandel und schuf Luxusgebote. Er ermutigte Handel und Kunsthandwerk. Als großzügiger Mäzen beherbergte er viele Künstler.

Alles ist Übung.

Habe das Ganze im Sinn.

Voreiligkeit ist gefährlich.

Die Lüste sind vergänglich, die Tugenden unsterblich.

Deinen Freunden sei im Glück und im Unglück der Gleiche.

Schimpfe so, dass du schnell wieder Freund werden kannst.

PITTAKOS (5)

Pittakos lebte in Mytilene auf der Insel Lesbos zwischen 650 und 570 v. Chr. Aus einer aristokratischen Familie stammend, wurde Pittakos dazu berufen, interne Streitigkeiten und Konflikte zwischen Bürgern und Aristokraten zu schlichten und den inneren Frieden aufrecht zu erhalten. Er herrschte zehn Jahre lang und zog sich danach ins Privatleben zurück.

Was du vorhast, sage nicht; denn gelingt's dir nicht, wirst du verlacht.

Was du dem Nächsten verdenkst, tu selber nicht.

Sprich nicht schlecht von deinem Freund und nicht gut von deinem Feind, denn das wäre unlogisch.

Zuverlässig ist das Land, unzuverlässig das Meer.

Wichtig in allen Aufgaben ist, den rechten Zeitpunkt zu erkennen.

Wenn du die wahre Natur des Menschen kennenlernen willst, musst du ihm große Kraft geben.

Wünsche nie zu viel.

Wer nicht schweigen kann, weiß nicht zu reden.

SOLON (6)

Solon lebte zwischen 640 und 560 v. Chr. in Athen. Das genaue Geburtsdatum ist nicht bekannt. Als Staatsmann und Poet bekleidete er ein hohes politisches Amt, in dem er als Archon ernannt wurde. Mit mehreren Reformen und Gesetzen - wie zum Beispiel der Abschaffung der Schuldsklaverei, der politischen Teilhabe eines jeden Bürgers - unterstützte er die Entwicklung der Demokratie in der griechischen Antike. Nach Abschluss seiner Reformen unternahm er längere Reisen und unterschiedliche Handelsaktivitäten. Als Poet wurde er in der Antike insbesondere aufgrund seiner charakteristischen heiteren Weisheiten geschätzt.

Das Wort ist das Bild der Realität.

Beeile dich nicht, weder Freundschaften einzugehen noch sie aufzulösen.

Nimm Dir nur die wichtigen Dinge zu Herzen.

Achte darauf, nicht alles zu sagen, was du weißt.

Sitze nicht zu Gericht, sonst wirst du dem Verurteilten ein Feind sein.

Wichtige Aktivitäten gefallen selten allen.

Fliehe die Lust, die Unlust gebietet.

Du kannst befehlen, wenn du gelernt hast zu gehorchen.

THALES (7)

Thales ist in Milet in Kleinasien um das Jahr 624 v. Chr. geboren. Als Philosoph, Mathematiker und Astronom gründete er eine der ersten antiken vorsokratischen philosophischen Schulen in der griechischen Antike, die ionische Schule. Als einer der ersten Astronomen der Antike soll er die Jahreszeiten und die 365 Tage eines Jahres eingeführt haben. Der Schriftsteller Diogenes, der im dritten Jahrhundert v. Chr. lebte und eine Sammlung über das Leben antiker Philosophen verfasste, bezeichnete ihn als den weisesten unter den Sieben Weisen.

Erkenne dich selbst.

Lehre und lerne das Bessere.

Nicht dein Äußeres schmücke, sondern sei schön in deinem Tun.

Besser beneidet als bemitleidet.

Alle Dinge sind beseelt.

Das Volk ist das Glücklichste, in dem die Reichen weder zu reich, noch die Armen zu arm sind.

Viele Worte sind selten ein Indiz von großen Wissen.

Das schönste ist das Universum, weil es ein Werk Gottes ist.

Das größte ist der Weltraum, weil er alles umarmen kann.

Das weiseste ist die Zeit, weil sie alles erinnert und enthüllt.

SOKRATES

Von Sokrates wurde gesagt, er sei einer der ersten bedeutenden und herausragenden Philosophen der griechischen Antike gewesen, der 469 v. Chr. in Alopeke, Athen, als Sohn einer Hebamme und eines Bildhauers geboren wurde und, wie bekannt, mit der streitsüchtigen Xanthippe verheiratet war. In seiner Jugend wurde er unter anderem in den Fächern Musik, Astronomie, Geometrie und der Dichtkunst unterrichtet. Wie sein Vater beschäftigte auch er sich eine zeitlang als Bildhauer. Da Sokrates von sich selbst keine Schriften hinterließ, gibt es nur lückenhafte Darstellungen seiner Lebensbiografie.

Erkenne dich selbst.

Alles vergeht.

Ich weiß, dass ich nichts weiß.

Ungerechtigkeit, wenn sie im Dienst einer Fachkunst steht, kann niemals Gewinn bringen, denn sie sucht nur den Vorteil. Ebenso bringt sie auch keine größere Macht, denn Gerechtigkeit ist Wissen und Verständnis und damit der Ungerechtigkeit überlegen. Ungerechtigkeit hingegen bedeutet Ignoranz, sät Zwietracht und Uneinigkeit, da sie sich gegen alle behaupten muß. Ungerechtigkeit kann nicht zu einem glücklicheren Leben führen.

Alles auf dieser Welt hat einen Wert. Dem Werk eines Lehrers kann man keinen Wert beimessen.

Lernen besteht aus einem Erinnern an Informationen, die bereits seit Generationen in der Seele des Menschen wohnen.

Erfolgreich ist, wer sich bemüht, das zu sein, was er scheinen will.

Sei, was du scheinen willst.

Wer die Welt verändern will, sollte zuerst sich selbst verändern.

Der Kluge lernt aus allem und von jedem, der Normale aus seinen Erfahrungen.

Eine gleichgestellte Frau wird überlegen.

Es gibt viele Dinge, die ich nicht brauche.

Je weniger ein Mensch braucht, umso mehr nähert er sich den Göttern, die nichts brauchen.

Genügsamkeit ist natürlicher Reichtum, Luxus ist künstliche Armut.

König ist nur, wer seine eigenen Leidenschaften beherrscht.

Muße ist der schönste Besitz von allem.

TERENZ

Publius Terenzius Afer ist um das Jahr 190 v. Chr. in Karthago geboren und gehörte neben Plautus zu den bedeutendsten Komödiendichtern der römischen Antike. Er war ein Sklave in Rom, aber weil sein Herr, der Senator Terenz, ihn für sehr schön und intelligent hielt, wurde er frei gelassen und nahm dessen Namen an. „Afer" ist ein Hinweis auf seine ethnische afrikanische Herkunft. Durch den Einfluss des Senator Terenz kam er mit aristokratischen Kreisen in Kontakt. Er debütierte als Autor von Komödien. Seine Gegner gönnten ihm seinen Erfolg nicht, kritisierten seine Werke, intrigierten gegen ihn. Um seinen Gegnern und den damit erschwerten Umständen zu entfliehen, ging er nach Griechenland. Beeinflusst von dem griechischen Weisen Menandros schrieb er weitere Komödien, die von den Komödien von Plautus sehr verschieden sind.

Streit zwischen Verliebten erfrischt die Liebe.

Mein Nächster bin ich selbst.

Kein Problem ist so schwer, als dass es nicht gelöst werden kann.

Worte offenbaren deutlich den Charakter der Sprechenden.

Es gibt so viele Meinungen wie es Menschen gibt: jeder hat seine Art zu denken und zu leben.

Das Glück hilft den Starken.

THEOGNIS

Theognis ist zwischen dem sechsten und fünften Jahrhundert vor Christus als Sohn einer aristokratischen Familie in Megara Nisea in der Nähe von Korinth geboren. Aufgrund von politischen Veränderungen emigrierte er nach Megara Iblea auf Sizilien. Als griechischer Schriftsteller sind von ihm in Form einer Sammlung zwei Gedichtbücher überliefert. Es ist überaus wahrscheinlich, dass er die meisten der darin enthaltenen Gedichte und Verse nicht selbst, sondern von verschiedenen Dichtern gesammelt hat.

Die schönste Sache ist die Gerechtigkeit. Die wünschenswerteste ist Gesundheit. Und die süßeste den zu haben, den man liebt.

Man kann nicht allen gefallen. Daran ist nichts Ungewöhnliches. Auch Zeus, der Regen schickt oder ihn verweigert, gefällt nicht allen.

Vertraue nicht immer allen an, was du tun willst: nur wenige Freunde sind wirklich vertrauenswürdig.

Aus Zwiebeln wachsen keine Rosen.

Suche keine Ehrungen, Favorisierungen oder Reichtümer mit ungerechten und schändlichen Aktionen.

Lass dich niemals dazu verleiten, der Freund einer üblen Person zu werden. Welchen Vorteil hättest du davon? In schwierigen Momenten würde er dir keine Hilfe geben, und wenn die Dinge besser gehen, würde er sie nicht mit dir teilen.

Freunde zum gemeinsamen Essen und Trinken gibt es viele; weniger, sehr viel weniger sind dagegen Freunde für ernste Angelegenheiten.

Eine falsche Person ist schwer zu erkennen; hierfür ist es wichtig, vorsichtig zu sein.

Es ist verrückt und sinnlos, schlechten Personen Gutes zu tun; es ist wie das Sähen auf dem weißen Schaum der Meereswellen.

Hochmütigen Menschen hält Gott fern von Ruhm.

Von allem ist die Mitte das Beste. Panton mes arista.

Nicht alles kommt so, wie wir es wollen: stärker als die Sterblichen sind die unsterblichen Götter.

VERGIL

Der römische Dichter Publius Vergilius Maro, kurz, Vergil, ist 70 v. Chr. in Andes in der Nähe von Mantova als Sohn eines Landbesitzers geboren. Er war einer der wichtigsten Autoren der klassischen römischen Antike. Vergil studierte in Mantova, Cremona und Mailand, anschließend ging er nach Rom und nahm dort an Rhetorikkursen teil. Es zog ihn weiter nach Neapel, wo er begann, Philosophie zu studieren und Verse zu schreiben. Wieder zurück in Rom wurde er mit ersten Publikationen schnell bekannt. Er schloss Freundschaft mit Oktavian und Horaz und anderen Intellektuellen in Rom. Er galt als zurückhaltend und menschenscheu. Vergil genoss großen Ruhm.

Die Verliebten kreieren selbst ihre Träume.

Liebe besiegt alles.

Jeder ist von dem angezogen, was ihm gefällt.

Glaube nicht dem äußeren Schein.

Es ist von höchster Bedeutung, dass man sich in der Jugendzeit an das Gute gewöhnt.

Der Geist bewegt die Materie.

Ein Schicksalsschlag wird überwunden, indem man ihn durchhält.

Zeit nimmt alles, auch die Erinnerungen.

Zeit vergeht unwiderruflich.

Literaturverzeichnis

Albrecht, M. von (2003). *Ovid. Eine Einführung*. Reclam, ISBN 3-15-017641-7.

Albrecht, M. von (2007). *Vergil. Bucolica, Georgica, Aeneis. Eine Einführung.* 2. unveränd. Auflage, ISBN 978-3-8253-5338-4.

Acccius, Ennius, Horaz, Persius u.a.:

Albrecht, M. von (2012). *Geschichte der römischen Literatur von Andronicus bis Boethius und ihr Fortwirken.* Band 1. 3. De Gruyter. ISBN 978-3-11-026525-5.

Pytagoras:

Angeli, F. (2003). *De re publica.* zitiert in Claudio Tugnoli (Hrsg), *Zooantropologia. Geschichte, Ethik und Pädagogik der Mensch-Tier-Interaktion*, 3, 1, 19, S. 211.

Arnott, W. G. (1986). *Menander and earlier drama.* In John H. Betts u. a. (Hrsg.); *Studies in Honour of T. B. L. Webster.* Band 1. Classical Press. ISBN 0-86292-193-7.

Bagordo, A. (2011). *Theognis.* In Bernhard Zimmermann (Hrsg.) Handbuch der griechischen Literatur der Antike, Band 1. *Die Literatur der archaischen und klassischen Zeit.* C. H. Beck, ISBN 978-3-406-57673-7, S. 176–179.

Baier, M. (2013) *Neun Leben des Homer. Eine Übersetzung und Erläuterung der antiken Biographien.* Verlag Dr. Kovač, ISBN 978-3-8300-7150-1.

Bagordo, A. (2011). *Pindar.* In B. Zimmermann (Hrsg.), *Handbuch der griechischen Literatur der Antike.* Band 1.7. C H. Beck. ISBN 978-3-406-57673-7.

Barkowski, O. (1923). *Sieben Weise.* In Paulys Real-encyclopädie der klassischen Altertumswissenschaft. Band 2, A,2, Sp. 2243 f

Plautus, Terenz, u.a.:

Bates, A. (1906). *The Drama, Its History, Literature and Influence on Civilization.* Alfred Bates (Hrsg.), Band 2. Historical Publishing Company.

Baumbach, M. (2013). *Aesop*. In Peter von Möllendorff, Annette Simonis, Linda Simonis (Hrsg.), *Historische Gestalten der Antike. Rezeption in Literatur, Kunst und Musik*. Der Neue Pauly. Supplemente. Band 8. Metzler. ISBN 978-3-476-02468-8, Sp. 1–8.

Bieler, L. (1961). *Geschichte der römischen Literatur II, die Literatur der Kaiserzeit*. Sammlung Göschen.

Binder, W., Dr., Elegien (1859). *Deutsch im Versmaße der Urschriften*, übersetzt von Dr. Wilhelm Binder, Band 5.

Biografieonline.it/biografia-marco-tullio-cicerone, https://paolodigitale.wordpress.com/frammenti-per-un-corso-di-storia-della-filosofia/frammenti-di-filosofia-1/

Bordt, M. (1999). *Platon*. Herder, ISBN 3-451-04761-6.

Capelle, W. (1973). *Übersetzer von: Marc Aurel. Selbstbetrachtungen*. Alfred Körner Verlag, 12. Auflage, Band 4. ISBN 3-520-00412-7.

Cassanmagnago, C., & Reale, G. (Hrsg. 2009). *Epitteto. Tutte le opere*. Bompiani. ISBN-13 978-8845263996.

D'Antò, V. (1980). *L. Acci* (Hrsg.), *I frammenti delle tragedie*. Milella. ISBN 88-7048-011-9.

Diels, H., (1903) *Fragmente der Vorsokratiker*. W. Kranz (Hrsg.), *Platon, Theaitetos*. Weidmannsche Buchhandlung.

Donner, J. J. C. (1854). *Aischylos. Deutsch in den Versmaßen der Urschrift*. 2 Bände. Hofmann'sche Verlags-Buchhandlung.

Eberhardt, J. H. (1801). *Über den Zustand der schönen Wissenschaften bei den Römern*. Johann Friedrich Hemmerich.

Ercolani, A. , Rossi, L. E. (2011). *Hesiod*. In B. Zimmermann (Hrsg.) Handbuch der griechischen Literatur der Antike, Band 1, *Die Literatur der archaischen und klassischen Zeit*. C. H. Beck, ISBN 978-3-406-57673-7.

Erler, M. (2007). *Kleines Werklexikon Platon*. Band 502, Kröner, ISBN 978-3-520-50201-8.

Terenz:

Fort, A. B., & Herbert S. Kates, H. S. (1935). *History of the Drama*. Grosset & Dunlap, pp 84-86.

Fröhlich, V. (2013). *Aristoteles*. In Peter von Möllendorff, Annette Simonis, Linda Simonis (Hrsg.), *Historische Gestalten der Antike. Rezeption in Literatur, Kunst und Musik*. Der Neue Pauly. Supplemente. Band 8. Metzler. ISBN 978-3-476-02468-8, Sp. 95–106.

Fündling, J. (2008). *Marc Aurel. Kaiser und Philosoph*. Primus Verlag, ISBN 978-3-89678-609-8.

Gelzer, M. (1969). *Cicero. Ein biographischer Versuch*.

Giebel, M, (1997). *Seneca*. Rowohlt, ISBN 3-499-50575-4.

Gigon, O. (1991). *Epikur: Brief an Menoikeus. In Von der Überwindung der Furcht. Katechismus, Lehrbriefe, Spruchsammlung, Fragmente. Übersetzung, Einführung, Erläuterungen von Olof Gigon*. Patmos Verlagsgruppe/ Artemis & Winkler Verlag. ISBN 3-760-83555-4.

Gindro, S., & Vitali, D. (Hrsg. 2011). *Epikur – Über das Glück*. Diogenes. ISBN 978-3-257-24162-4.

Gossage, A. J. (1967). *Plutarch*. In T.A. Dorey (ed.), Latin biography, 45-77.

Grimal, P. (2000). *Vergil. Biographie*. Artemis & Winkler, ISBN 3-7608-1226-0.

Gundert, B., & Potter, P. (1998). *Hippokrates*. Der Neue Pauly (DNP). Band 5. Metzler. ISBN 3-476-01475-4, Sp. 590–599.

Guttzeit, G. (2013). *Epikur*. In Peter von Möllendorff, Annette Simonis, Linda Simonis (Hrsg.); *Historische Gestalten der Antike. Rezeption in Literatur, Kunst und Musik*. Der Neue Pauly. Supplemente. Band 8. Metzler. ISBN 978-3-476-02468-8, Sp. 413–424.

Höffe, O. (2006). *Aristoteles*. 3. Auflage. Beck. ISBN 3-406-54125-9.

Hölderlin, F. (1799). *Übersetzer, Sämtliche Werke, Briefe und Dokumente in zeitlicher Folge*. Band 7, *Empedokles I-II. Aufsätze zur Iduna. Emilie vor ihrem Brauttag. Ovid. Pindar-Übertragung*. Luchterhand, 2004, ISBN 3-630-87197-6.

Holzberg, N. (2006) *Ovid*. In Metzler Lexikon Weltliteratur, Band 3, S. 49-52.

Keil, G. (2005). *Hippokrates von Kos*. In Werner E. Gerabek, Bernhard D. Haage, Gundolf Keil, Wolfgang

Wegner (Hrsg.) *Enzyklopädie Medizingeschichte*. De Gruyter. ISBN 3-11-015714-4, S. 597 f.

Klebs, E. (1893). *Afranius*. In Paulys Realencyclopädie der klassischen Altertumswissenschaft, Band I,1, Sp. 710–712.

Kytzler, B. (1996) *Horaz. Eine Einführung*. Reclam, ISBN 978-3-15-009603-1.

Lach, R. (2013). *Menander*. In Peter von Möllendorff, Annette Simonis, Linda Simonis (Hrsg.), *Historische Gestalten der Antike. Rezeption in Literatur, Kunst und Musik*. Der Neue Pauly. Supplemente. Band 8. Metzler. ISBN 978-3-476-02468-8.

Laertios, D. (1921). *Leben und Meinungen berühmter Philosophen*. Band 2, Übersetzer Otto Apelt, Felix Meiner-Verlag.

Latacz, J. (2005). *Troia und Homer*. 5. Auflage. Koehler & Amelang, ISBN 3-7338-0332-9.

Leggewie, O. (1975). *Sallust. Historiae und Zeitgeschichte*. Lateinisch-Deutsch. Übers. und Hrsg. von O. Leggewie, ISBN 3-15-009796-7.

Leopardi, G. (1825). *Epitteto. Manuale di filosofia pratica*. Traduzione di Giacomo Leopardi.

Linke, B. (2000). *Appius Claudius Caecus – ein Leben im Zeitalter des Umbruchs*. In Karl-Joachim Hölkeskamp, Elke Stein-Hölkeskamp (Hrsg.) *Von Romulus zu Augustus. Große Gestalten der römischen Republik*. Beck. ISBN 3-406-46697-4.

Manzo, A., & Pasqualetti, O. (1973). *Rassegna critica di bibliografia ovidiana*. Aevum 47.

Maurach, G. (2005). *Seneca. Leben und Werk*. 4. Auflage, ISBN 3-534-15000-7.

Meiner, F. (1995). *Aristoteles. Philosophische Schriften in sechs Bänden*. Felix Meiner. ISBN 3-7873-1243-9.

Milman, P. (1987). *The Making of Homeric Verse. The collected papers of Milman Parry*. Oxford University Press. ISBN 0-19-520560-X.

Mommsen, T. (1885), *Römische Geschichte*, 5, 198 f.

Hippokrates:

Moog, F. P. (2007). *Euripides und die Heilkunde. Kölner Beiträge zu Geschichte und Ethik der Medizin*, Band 3. University press. ISBN 978-3-7376-0340-9, S. 340.

Narducci, E. (2012). *Cicero. Eine Einführung.* Aus dem Italienischen übersetzt von Achim Wurm, Reclam, ISBN 3-15-018818-0.

Niehues-Pröbsting, H. (2004). *Diogenes von Sinope.* In F. Volpi (Hrsg.) *Großes Werklexikon der Philosophie.* Band 1. Kröner. ISBN 3-520-82901-0, S. 400–401.

Natali, C. (2013). *Aristotle. His Life and School.* University Press. ISBN 978-0-691-09653-7.

Overwien, O. (2005). *Die Sprüche des Kynikers Diogenes in der griechischen und arabischen Überlieferung.* Steiner. ISBN 3-515-08655-2.

Patzer, A. (1985). *Bibliographia Socratica.* Alber. ISBN 3-495-47585-0.

Paulsen, T. (2011). *Antiphon der Sophist.* In Bernhard Zimmermann (Hrsg.), Handbuch der griechischen Literatur der Antike, Band 1. *Die Literatur der archaischen und klassischen Zeit.* C. H. Beck. ISBN 978-3-406-57673-7.

Paulsen, T. (2011). *Gorgias von Leontinoi.* In Bernhard Zimmermann (Hrsg.), Handbuch der griechischen Literatur der Antike, Band 1. *Die Literatur der archaischen und klassischen Zeit.* C. H. Beck. ISBN 978-3-406-57673-7.

Pisani (1989). *Plutarco. Moralia, 'La serenità interiore' e altri testi sulla terapia dell'anima.*

Pohlenz, M. (1938). *Hippokrates und die Begründung der wissenschaftlichen Medizin.*

Renger, A. B., & Stellmacher, A. (2013). *Sokrates.* In Peter v. Möllendorff, Annette Simonis, Linda Simonis (Hrsg.), *Historische Gestalten der Antike. Rezeption in Literatur, Kunst und Musik.* Der Neue Pauly. Supplemente. Band 8. Metzler. ISBN 978-3-476-02468-8.

Resta Barrile, A. (1987). Hrsg.; *Lucio Accio: Frammenti dalle tragedie e dalle preteste.* Zanichelli. ISBN 2-251-01383-0.

Ruiza, M., Fernández, T., & Tamaro, E. (2004). *Biographie von Hesiod. In Biografien und Leben*. Die Biographische *Enzyklopädie Online*.
https://www.biografiasyvidas.com/biografia/h/hesiodo.htm.

Ruiza, M., Fernández, T. & Tamaro, E. (2004). *Biographie von Teognis* . In Biografien und Leben. Die biographische Enzyklopädie Online.
https://www.biografiasyvidas.com/biografia/t/teognis.htm.

Scardino, C., & Sorrentino, G. (2014). *Menander*. In Bernhard Zimmermann, Antonios Rengakos (Hrsg.): Handbuch der griechischen Literatur der Antike. Band 2. *Die Literatur der klassischen und hellenistischen Zeit*. C. H. Beck. ISBN 978-3-406-61818-5, S. 1061–1087.

Schäne, W. (1965). *Sallust. Werke*. Lateinisch-deutsch. Übersetzt und herausgegeben von W. Schöne & W. Eisenhut. Heimeran. ISBN 3-05-005402-6.

Scheffer, T. von (1947). *Hesiod. Sämtliche Werke*. Dieterich'sche Verlagsbuchhandlung, Sammlung Dieterich, Band 38.

Schmitz, C. (2013). *Seneca*. In P. v. Möllendorff, A. Simonis, L. Simonis (Hrsg.), *Historische Gestalten der Antike. Rezeption in Literatur, Kunst und Musik*, Band 8. Metzler. ISBN 978-3-476-02468-8, Sp. 893–910.

Schönberger, O. (2009). *Quintus Ennius: Fragmente*. Lateinisch - Deutsch. Ausgew., übers. und hrsg. von Otto Schönberger. Reclam. ISBN 978-3-15-018566-7.

Selle, H. (2008). *Theognis und die Theognidea. Untersuchungen zur antiken Literatur und Geschichte*. Band 95. S. 235–236.

Snell, B. (1971). *Leben und Meinungen der Sieben Weisen. Griechische und lateinische Quellen*. Heimeran-Verlag, ISBN 377652104X.

Stärk, E. (2002). *L. Accius*. In Werner Suerbaum (Hrsg.). *Die archaische Literatur. Von den Anfängen bis Sullas Tod*. Handbuch der lateinischen Literatur der Antike, Band 1. C. H. Beck. ISBN 3-406-48134-5, S. 158–166.

Stroh, W. (2008) *Cicero. Redner, Staatsmann, Philosoph.*
C.H. Beck, ISBN 978-3-406-56240-2.

Swift Riginos, A. (1976) *Platonica. The Anecdotes
concerning the Life and Writings of Plato.* Brill. ISBN 90-
04-04565-1.

Theander, *Plutarchs Forschungen in Rom.* Zur mündlichen
Überlieferung als Quelle der Biographien, «Eranos» 57,
1959, 99-131.

Plautus:

Traina (1970). *Vortit barbare. Le traduzioni poetiche da
Livio Andronico a Cicerone,* S. 163- 164 181–203.

Trillitzsch, W. (1971). *Seneca im literarischen Urteil der
Antike. Darstellung und Sammlung der Zeugnisse.* 2
Bände. Hakkert. ISBN 90-256-0535-4.

Tziatzi-Papagianni, M. (1994). *Die Sprüche der sieben
Weisen: zwei byzantinische Sammlungen. Einleitung,
Text, Testimonien und Kommentar.* Beiträge zur
Altertumskunde 51. Teubner. ISBN 3-519-07600-4..

Wöhrle, G. (2002). *Epiktet für Anfänger. Gespräche und
Handbüchlein der Moral. Eine Lese-Einführung.*
Deutscher Taschenbuch Verlag. ISBN 3-423-30864-8.